Christoph Kohls

Quellenvergleich "Annales Fuldenses" und "Regino Chronik"

Inwiefern konnte es zu Unterschieden und Gemeinsamkeiten innerhalb der Quellen kommen?

GRIN Verlag

Bibliografische Information der Deutschen Nationalbibliothek:

Die Deutsche Bibliothek verzeichnet diese Publikation in der Deutschen National-
bibliografie; detaillierte bibliografische Daten sind im Internet über http://dnb.d-
nb.de/ abrufbar.

Impressum:

Copyright © 2012 GRIN Verlag GmbH
Druck und Bindung: Books on Demand GmbH, Norderstedt Germany
ISBN: 978-3-656-52944-6

Dieses Buch bei GRIN:

http://www.grin.com/de/e-book/263224/quellenvergleich-annales-fuldenses-und-
regino-chronik

Inhaltsverzeichnis

1. Einleitung

In der folgenden Arbeit werden zwei verschiedene Quellenauszüge, eine aus den Annales Fuldenses, sowie eine innerhalb der Regino Chronik, bezüglich der Darstellung von Zwentibold untersucht. Bei diesem Quellenvergleich soll geklärt werden, inwiefern es zu Unterschieden beziehungsweise Gemeinsamkeiten innerhalb der Quellenauszüge kommen konnte. Dazu wird im Folgenden zuerst der historischen Kontext dargelegt um die Situation, in der sich Zwentibold befand, zu beschreiben. Bei dieser Darstellung nimmt sein Vater Arnulf eine ebenfalls sehr wichtige Position ein, da dieser eine entscheidende Rolle bei Zwentibolds Werdegang innehatte. Darauf folgend wird eine Quellenanalyse der beiden Quellenauszüge durchgeführt, bei der die Art der vorliegenden Dokumente ebenso wie die Frage nach dem Verfasser erörtert werden sollen. Daraufhin wird der Quellenvergleich vorgenommen, um Unterschiede und Gemeinsamkeiten der beiden Darstellungen zu benennen. Innerhalb des Fazits sollen die vorhergehenden Ergebnisse bezüglich der Frage nach der Ursache von Differenzen und Übereinstimmungen zusammengefasst werden.

2. Historischer Kontext

Vor der Inthronisierung von Arnulf, dem Vater von Zwentibold, war die karolingische Dynastie kurz davor auseinander zu brechen, da mit Karl III. im Jahr 887/888 der letzte als Karolinger verstarb, dessen Blutlinie ohne Makel war. Als dessen Nachfolger kristallisierte sich Arnulf heraus, obwohl dieser nur einen illegitimen Status innehatte, ebenso wie sein Sohn Zwentibold. Die Nachfolge des designierten Kaisers wurde auf die karolingische Blutlinie zurückgeführt und durch diese legitimiert. In Folge der Herrschaft des neuen Kaisers kam zu einer Auflösung des großfränkischen Reichsverbandes, da Arnulf nur Ostfranken einschließlich Lothringen beanspruchte. Dies führte im Weiteren dazu, dass es Konflikte zwischen Adligen bezüglich der Herrschaft über die verschiedenen Teile des Reiches gab.[1]

Bereits Arnulf hatte demnach also Schwierigkeiten seine Macht zu sichern, da es an den westlichen und östlichen Grenzen immer wieder Auseinandersetzungen gab.[2]

In diese Situation wurde Zwentibold geboren, der erste, jedoch illegitime, Sohn von Kaiser Arnulf. In Ermangelung eines legitimen Nachfolgers wollte der Machthaber

---

[1] Rudolf Schieffer: Die Karolinger, Stuttgart/Berlin/Köln ⁴2006, S. 187-188.
[2] Matthias Becher: Merowinger und Karolinger, Darmstadt 2009, S. 141-142, im Folgenden zitiert als: Becher: Karolinger.

diesen als seinen Nachfolger einsetzen, was er 895 n. Chr. gegen den vorangehenden Widerstand des Adels auch durchsetzte. Dieser hatte sich bereits 899 dazu verpflichtet Zwentibold anzuerkennen, falls kein legitimer Nachkomme mehr geboren werden würde.[3] Der Widerstand gegen Zwentibold wurde demzufolge durch die Geburt eines legitimen Nachfolgers, des späteren Ludwig IV., im Jahre 893 ausgelöst. Zwentibolds Position wurde daraufhin zunehmend schwieriger und unsicherer. In Folge der Inthronisierung von Zwentibold in Lotharingien versuchte Kaiser Arnulf das lotharingische Mittelreich wieder in das karolingische Königreich zu integrieren und diesen Status zu festigen. Dies sollte durch die eigenständige Herrschaft von Zwentibold und einer eigenen Hofkapelle unter Erzbischof Hermann I. von Köln und einer Kanzlei unter Erzbischof Radbod von Trier geschehen. Des Weiteren kam es unter Zwentibold zu Konflikten mit führenden Grafen von Lotharingien und dem Erzbischof Radbod von Trier, was zu einer Schwächung seiner Position führte. Die Herrschaft des neuen Königs wurde weiterhin durch die Erkrankung seines Vaters geschwächt, wodurch ihm die Rückendeckung seines Vaters fehlte. Gleichzeitig unterstützte er seinen Vater nicht immer und entschied sich beispielsweise dafür seinen Verwandten, Karl den Einfältigen, zu unterstützen, was sein Vater jedoch verweigerte. Es herrschten somit auch ein Konflikte zwischen Zwentibold und seinem Vater, was seine Position weiter schwächte.[4] Nachdem Arnulf am Ende 899 starb, wurde der legitime Sohn Arnulfs, Ludwig, als sein Nachfolger ausgerufen. Dies führte dazu, dass die Vertreter der weltlichen und der geistlichen Macht sich auf die Seite des ihre Meinung nach legitimen Herrschers stellten.[5] Zwentibold versuchte seine Herrschaft durch Waffengewalt wiederherzustellen, verlor im Sommer 900 allerdings sein Leben in der Schlacht gegen die Grafen Gerhard, Matfrid und Stephan.[6]

3. Quellenanalyse Annales Fuldenses

Der erste Quellenauszug beschreibt den Tod des Kaisers und seine ehrenvolle Bestattung, der zwei Söhne hinterließ. Ludwig, der zu jung zum Regieren, jedoch von legitimer Abstammung war und Zwentibold, ein unehelicher Sohn. Zwentibold wird als

---

[3] Becher: Karolinger, S. 141.
[4] Becher: Karolinger, S. 142.
[5] Bruno Gebhardt: Handbuch der deutschen Geschichte. Band 1: Frühzeit und Mittelalter, in: Herbert Grundmann (Hg.): Handbuch der deutschen Geschichte, Band 1, Stuttgart [8]1954, S. 157.
[6] Bernd Schneidmüller: Art. Zwentibold, in: Brepolis Medieval Encyclopaedias-Lexikon des Mittelalters Online, letzter Aufruf: 03.01.12, im Folgenden zitiert als: Schneidmüller: Zwentibold.

negativer Mensch dargestellt, der grausam und gierig war und sich vor allem durch Aktionen gegen die Kirche unbeliebt machte. So wird ihm nachgesagt, dass er die Finanzen der Kirche plünderte und den Erzbischof Ratbod entehrte, weshalb er schließlich isoliert war und durch seine Machtgier angetrieben gegen eine große Anzahl an Feinden zu Felde zog und schließlich im Kampfe gegen diese verlor und starb.[7]

Annalen sind kurze Jahresberichte, die die wichtigsten Ereignisse innerhalb eines Jahres festhalten sollten. Der Entstehungsort dieser Annalen waren zumeist Klöster oder Stifte, wobei die Verfasser der einzelnen Abschnitte anonym blieben und nicht ermittelt werden können. Da diese Jahresberichte auch zwischen verschiedenen Klöstern getauscht wurden, um Nachrichten abzugleichen und zu erweitern, wird es unmöglich, den Urheber exakt zu bestimmen.[8]

Die dargelegte Quelle befindet sich in einer Annalenkomposition der Stadt Fulda.

Die Annalen beginnen mit dem Jahr 714 und gehen bis in das Jahr 901. Das Werk besteht aus drei verschiedenen Teilen, deren Ursprünge und Quellen sind in der Forschung jedoch umstritten, ebenso wie die Verfasser. Für den dritten Teil der Annalen, in dem sich die vorliegenden Quellen befinden gibt es mehrere Möglichkeiten, was den Urheber angeht. Nach Kurze handelte es sich bei dem ersten Verfasser um Meginhard, einen Mönch aus Fulda, der die Annalen bis 887 weiterführte. Die Annalen gelangten nach Regensburg, wo der für diese Arbeit interessante Teil der Jahre 882 bis 901 entstand. Dieser wurde dort von verschiedenen Personen weitergeführt, die jedoch nicht ermittelt werden können. Auf der anderen Seite steht Hellmann, der der Meinung ist, dass die von Kurze benannten Personen nicht an den Annalen weiterarbeiten und das Werk einer einzigen aus Mainz stammenden Person ist, deren Ursprung jedoch nicht geklärt werden kann.[9]

Somit wird klar, dass es unmöglich ist den Urheber der Textstelle zu bestimmen und alle Annahmen bezüglich des Verfassers und seiner Absichten rein hypothetisch sind.

---

[7] Annales Fuldenses, in: Quellen zur karolingischen Reichsgeschichte, Dritter Teil, Jahrbücher von Fulda, Regino Chronik, Notker Taten Karls, Hg. v. Reinhold Rau (FSGA7), Darmstadt 1969, S 175-311, hier: anno 900 S. 175, im Folgenden zitiert als: Annales Fuldenses.

[8] Hans-Werner Goetz: Proseminar Geschichte: Mittelalter, Stuttgart [3]2006, S. 108-109, im Folgenden zitiert als: Goetz: Proseminar.

[9] Reinhold Rau (Hg.): Quellen zur karolingischen Reichsgeschichte. Dritter Teil. Jahrbücher von Fulda, Regino Chronik, Notker Taten Karls (FstGA7), Darsmtadt 1969, S. 1-5, im Folgenden zitiert als: Rau: Reichsgeschichte.

4.   Quellenanalyse Regino Chronik

Im zweiten Quellenauszug wird zunächst der Versuch der Eroberung von Durfos durch Zwentibold dargestellt. Zwentibold verhält sich negativ gegenüber den kirchlichen Repräsentanten, nachdem diese seine Befehle nicht ausführen wollten, was dazu führte, dass die Streitigkeiten zur Aufgabe der Belagerung führten. Des Weiteren wird die Situation zwischen Zwentibold und den Mächtigen innerhalb des Reiches beschrieben. Die Situation ist geprägt von Auseinandersetzungen, Plünderungen und Misstrauen, da Zwentibold sich mit zweifelhaften Personen umgab, die ihm auch bei der Ausübung seiner Herrschaft berieten. Dies führte dazu, dass Zwentibold innerhalb des Reiches keine große Anhängerschaft besaß und verachtet wurde. Weiterhin wird die Auseinandersetzung zwischen Zwentibold und Ludwig geschildert, wobei der wichtigste und größte Teil der Mächtigen auf der Seite des letzt genannten stand. Zwentibolds Strategie bestand der Quelle nach vor allem aus Brandschatzen und Plündern, mit welcher er hoffte seine ehemaligen Mitstreiter zurückzugewinnen. Die Geschichte von Zwentibold endet mit seinem Tod und der Verheiratung seiner Frau an den Grafen Gerard.[10]

Diese Quelle befindet sich innerhalb der von Regino von Prüm verfassten Chronik, der diese im Jahr 908 vollendete. Regino war ein Adliger, der von 892-899 Abt in Prüm war, daraufhin nach Trier ging, wo er im Jahre 915 starb.[11]

Im Gegensatz zu Annalen legen Chroniken im Allgemeinen mehr Wert auf Zusammenhänge und ihren Schreibstil und sie sind meist ein Auftragswerk, was bedeutet, dass jemand hinter diesem Projekt steht und darauf einwirken kann.[12]

Regino war Abt von Prüm und Geschichtsschreiber. Im Jahre 899 fiel er einer Intrige zum Opfer, weshalb er nach Trier floh. Innerhalb seiner Werke stellte der Verfasser vor allem die Bedeutung der karolingischen Dynastie heraus, sowie eine christliche Adelsethik,[13] die von der Antike, Justinus und Augustinus beeinflusst war. Entwicklungen und Veränderungen sind laut Regino von transzendenten Kräften

---

[10] Regino von Prüm, Chronik, in: Quellen zur karolingischen Reichsgeschichte, Dritter Teil, Jahrbücher von Fulda, Regino Chronik, Notker Taten Karls, Hg. v. Reinhold Rau (FstGA7), Darmstadt 1969, S. 179-319, hier: anno 900, S. 309-311, im Folgenden zitiert als: Regino: Chronik.
[11] Rau: Reichsgeschichte, S. 6f.
[12] Goetz: Proseminar, S. 110-111.
[13] Regino war sehr von Augustinus und Justinus beeinflusst, was bedeuten könnte, dass er unter anderem Vernunft, Autorität und Willenskraft für einen, aus seiner Sicht, guten Menschen hervorhob, vgl. hierzu:
-Karl Suso Frank: Art. Justinus, altkirchlicher Schriftsteller, in: Brepolis Medieval Encyclopaedias-Lexikon des Mittelalters Online, letzter Aufruf: 23.01.12.
-M. Schmaus: Art. Augustinus, hl. Kirchenlehrer, lat. Kirchenvater, III. Fortwirken im Mittelalter, in: Brepolis Medieval Encyclopaedias-Lexikon des Mittelalters Online, letzter Aufruf: 23.01.12.

ausgelöst, gleichzeitig hatte der Urheber der Forschung nach einen guten Blick für Machtverhältnisse. Der Teil, in dem die sich uns vorliegende Quelle befindet, fiel allerdings der Korrektur durch Regino zum Opfer, da dieser Angst vor den Matfridingern hatte.[14] Des Weiteren zeigte sich anhand von verschiedenen Widmungen innerhalb von Schriften von Regino, dass er Umgang mit dem Personenkreis um Ludwig hatte.[15]

Inwieweit der Bericht bezüglich Zwentibolds verändert wurde, sei es zum Guten oder zum Schlechten, lässt sich nicht sagen, allerdings legt die Darstellung des Königs nahe, dass Regino mit dem unehelichen Sohn auf dem Thron nicht einverstanden war. Diese Annahme passt zu der Einstellung von Regino bezüglich der Abstammung des Königs von Lothringen. Da Regino Wert auf eine christliche Art des Handelns gelegt hat, stellten die dargestellten Verfehlungen von Zwentibold einen extremen Gegensatz zu diesem Handeln dar.

Es ist daher anzunehmen, dass Regino Zwentibold gegenüber negativ eingestellt war und seine Darstellung stark wertend ist.

5.   Quellenvergleich

Innerhalb beider Quellen wird Zwentibold als schlechter Mensch dargestellt, der nicht ohne Grund gefallen sei. Die negative Darstellung lässt darauf schließen, dass Zwentibold keineswegs beliebt war und große Probleme hatte, sowohl mit der geistlichen als auch mit der politischen Welt.

Der nun sehr auffällige Unterschied der beiden Quellen ist die Art, mit der Zwentibold dargestellt wird. Auf der einen Seite wird geschildert, dass dieser im Gegensatz zu Ludwig als illegitimer Nachfolger bezeichnet wird. Auf der anderen Seite, wie sehr die Bevölkerung und die Kirche unter seiner Gier zu leiden hatte. Er raubte und plünderte, doch „vornehmlich aber dadurch schuldig wurde, daß er dem Erzbischof Ratbod von Trier gegen die priesterliche Würde mit seinem Stock auf Kopf schlug" und aufgrund dieser Verfehlung „von den Seinen, sowohl Bischöfen wie Grafen, allen verlassen" wurde.[16] Hier wird deutlich, dass Zwentibolds Scheitern vom Verfasser des Eintrages allein auf die religiösen Verfehlungen bezogen wird. Sein mangelnder Respekt und sein schlechter Umgang mit den Vertretern Christi führten dazu, dass er

---

[14] Johannes Laudage: Art. Regino, in: Brepolis Medieval Encyclopaedias-Lexikon des Mittelalters Online, letzter Aufruf: 23.01.12.
[15] Rau: Reichsgeschichte, S. 6f.
[16] Annales Fuldenses, anno 900, Z. 15-21 .

von seinen einstigen Mitstreitern verlassen wurde. Diese Darstellung passt zu den Konflikten, die zwischen Zwentibold und dem Erzbischof Radbod von Trier herrschten.[17] Die Beurteilung der Taten von Zwentibold und die starke Gewichtung des religiösen Aspektes legen die Vermutung nahe, dass es sich bei dem Verfasser um einen Mönch gehandelt haben könnte. Allerdings lässt sich anzweifeln, inwiefern allein dieses Fehlverhalten der Auslöser für die Isolierung war, da diese Darstellung sehr einseitig ist. Die Definition von Annalen, dass diese hauptsächlich in Klöstern entstanden, sowie die These von Kurz passt ebenfalls zu der Vermutung, dass es sich bei dem Verfasser um einen Vertreter des Klerus gehandelt haben könnte.

Auf der anderen Seite wird jedoch eine Verlagerung der Konfliktsituation beschrieben. Zwentibold wird nicht verlassen, weil er einen Erzbischof erniedrigte, sondern weil er in seiner Position als König falsch verhalten hat. Der Grund seiner Isolation ist, laut Urheber, darin zu finden, dass „wegen der fortgesetzten Plünderungen und Beraubungen, die im Reich stattfanden, unversöhnliche Zwietracht, zum Teil auch deshalb, weil er mit Weibern und Personen von geringer Herkunft über die Reichsangelegenheit entschied, gerade die ehrenwerten und adligen Männer aber absetzte und Lehen und Würden ihnen entzog."[18]

Diese Darstellung passt zu den bereits erwähnten Auseinandersetzungen zwischen Zwentibold und den Adligen. Im Gegensatz zu der ersten Quelle befindet sich der Schwerpunkt aber in seinem weltlichen Fehlverhalten. Diese Darstellung passt zu Regino, der einen großen Wert auf christliche Adelsethik legte. Des Weiteren liegt es nahe, dass Regino die Herrschaft von Zwentibold nachhaltig durch seine Position als Geschichtsschreiber unterminieren wollte und sich somit auf die Seite der Adligen und Ludwig stellte. Dieses Verhalten ist durch seine Wertschätzung für die Blutlinie der Karolinger gestützt, da Ludwig als der legitime Nachfolger von Arnulf galt und somit einen autoritativeren Status bezüglich der Thronfolge innehatte aus Reginos Sicht hatte.

Ein weiterer Grund für die unterschiedlichen Darstellung ist in den verschiedenen Arten von Quellen zu suchen. Annalen sind nur als kurzer Überblick der wichtigsten Ereignisse innerhalb eines Jahres gedacht, weshalb sie nicht in die Tiefe gehen und eine recht oberflächliche Begründung für den Niedergang Zwentibolds geben. Die Chronik jedoch ist eine explizite Darstellung der Geschichte, weshalb Regino mit dieser eine tiefergehende Begründung der Verfehlungen des Königs von Lothringen zu geben

---

[17] Schneidmüller: Zwentibold.
[18] Regino: Chronik, anno 900, Z. 12-16.

versucht. Allerdings ist bei der Chronik zu beachten, dass es sich nicht um eine objektive, sondern um eine subjektive Darstellung der Geschehnisse.

6. Fazit

Abschließend lässt sich sagen, dass die Unterschiede innerhalb der Quellenauszüge den Quellenarten zuzuschreiben ist. Eine kurze Darstellung innerhalb einer Annale lässt nicht den Platz für große Berichte. Über die Intention des Verfassers lässt sich, wie dargelegt, nicht viel sagen, allerdings legt die Darstellung von Zwentibold nahe, dass es sich um einen Mönch gehandelt haben könnte, da sein Niedergang nur dem Fehlverhalten gegenüber der Kirche geschuldet ist, was auch zu den Konflikten zwischen dem König von Lothringen und Erzbischof Ratbod von Trier passte.

Die Chronik charakterisiert eine stark subjektive Geschichtsschreibung. Die Sicht von Regino ist vor allem durch Augustinus und Justinus beeinflusst, deren Bedeutung für eine tiefergehende Beurteilung deutlich gemacht werden müsste.

Seine Beziehungen zu Ludwigs Umfeld und seine eigene negative Sicht bezüglich Zwentibold erklären dessen Darstellung. Des Weiteren ist es möglich, den Bericht auf den dargelegten Konflikt um die Nachfolge von Arnulf zu beziehen. Regino unterstützt mit seinem Werk die Herrschaft von Ludwig und es ist dabei nicht auszuschließen, dass der Verfasser machtpolitische Interessen vertreten hatte, die Herrschaft von dem Günstling der Adligen zu unterstützen.

Allerdings ist zu beachten, dass beide Quellenauszüge angezweifelt werden können. Ob nur das Schlagen des Erzbischofs für den Untergang von Zwentibold verantwortlich war, ist zweifelhaft und vereinfacht dargestellt. Allerdings fehlen zur Überprüfung weitere Quellen. Und inwiefern das Verhalten von Zwentibold, wie in der Chronik dargestellt, nur negativ war, lässt sich anhand dieser zwei Quellen nicht sagen.

Beide Quellen ergänzen sich in ihrer negativen Darstellung bezüglich des Königs von Lothringen, wobei gerade die Einseitigkeit das größte Problem ist. Wie Zwentibold in Wirklichkeit war, ist schwer zu sagen.

7. Quellen- und Literaturverzeichnis

7.1 Quellen

- Annales Fuldenses, in: Quellen zur karolingischen Reichsgeschichte, Dritter Teil, Jahrbücher von Fulda, Regino Chronik, Notker Taten Karls, Hg. v. Reinhold Rau (FstGA7), Darmstadt 1969, S 175-311, hier: anno 900, S. 175.

- Regino von Prüm, Chronik, in: Quellen zur karolingischen Reichsgeschichte, Dritter Teil, Jahrbücher von Fulda, Regino Chronik, Notker Taten Karls, Hg. v. Reinhold Rau (FstGA7), Darmstadt 1969, S. 179-319, hier: anno 899-900, S. 309-311.

7.2 Literatur

- Becher, Matthias: Merowinger und Karolinger, Darmstadt 2009.

- Gebhardt, Bruno: Handbuch der deutschen Geschichte, Band 1: Frühzeit und Mittelalter, in: Grundmann, Herbert (Hg.): Handbuch der deutschen Geschichte, Band 1, Stuttgart [8]1954.

- Rau, Reinhold (Hg.): Quellen zur karolingischen Reichsgeschichte. Dritter Teil. Jahrbücher von Fulda. Regino Chronik. Notker Taten Karls (FstGA7), Darmstadt 1969.

- Laudage, Johannes: Art. Regino, in: Brepolis Medieval Encyclopaedias-Lexikon des Mittelalters Online, letzter Aufruf: 23.01.12

- Schieffer, Rudolf: Die Karolinger, Stuttgart/Berlin/Köln [4]2006.

- Schneidmüller, Bernd: Art. Zwentibold, in: Brepolis Medieval Encyclopaedias - Lexikon des Mittelalters Online, letzter Aufruf: 03.01.12.